Renier-Fréduman Mundil

Sternlinge Abendlieder
für die Abende und Nächte
im Februar
Band 4

AF208979

Renier-Fréduman Mundil

STERNlinge Abendlieder
für die Abende und Nächte
im Februar

Band 4

Impressum

Bibliografische Information der Deutschen National-
bibliothek:
Die Deutsche Nationalbibliothek verzeichnet diese
Publikation in der Deutschen Nationalbibliografie;
detaillierte bibliografische Daten sind im Internet über
http://dnb.dnb.de abrufbar.

© 2025 Renier-Fréduman Mundil
         Viola Hartmann
Covergestaltung Dan Winkler

Verlag: BoD · Books on Demand GmbH,
Überseering 33, 22297 Hamburg, bod@bod.de
Druck: Libri Plureos GmbH, Friedensallee 273,
22763 Hamburg

ISBN: 978-3-7693-1012-2

Für meinen Bruder Thomas

Ein(e) - komplizierte, da teilweise mathematische
-**Leitung**.

Im Leben sind manche Dinge auf der Strecke (vielleicht auf der Strecke der mathematisch basierten Technik wie Handy, Laptop, Fernsehen…) geblieben, die jedoch für alle beteiligten Seiten – egal, ob aktiv oder passiv beteiligt – sehr positive Auswirkungen hatten.

Ich denke an gemeinsames Singen in der Familie, Vorlesen von Geschichten (besonders zur Schlafenszeit), das Auswendiglernen – womit wir auch zwangsläufig bei Gedichten landen.

Auswendiglernen und Gedichte, das kann auch mächtig in die Hose gehen, wie ich in einer Parodie-Sendung im Fernsehen beobachtete: Es wurden Politiker nach bekannten deutschsprachigen Gedichten befragt, die sie auch zu rezitieren selbstbewusst bereit waren und dann kläglich nach den ersten Worten scheiterten.

Die vorgenannten Aspekte trugen mit dazu bei, diese Gedichte zusammenzustellen. Vorlesen vor dem Schlafengehen, Singen (Gedichte sind unvertonte Musik). Legen wir uns schlafen, begeben wir uns in eine fremde Welt - die Welt der Träume - die Welt der Fantasie - die Welt der Vergangenheit - die Welt der Zukunft. Diese

Gedichte sind eine kleine Eintrittspforte in diese Welt.

Vivaldi ist einmal vorgeworfen worden, nicht 100 Violinkonzerte, sondern ein Violinkonzert hundertmal geschrieben zu haben. Aber damit befindet er sich in guter Gesellschaft. Die Natur bringt im Herbst jedes Mal dieselben bunten Farben, der Frühling bringt jedes Jahr dieselben bunten Blüten. Alles wiederholt sich, ist sich ähnlich, unterscheidet sich manchmal nur in winzigen Details. Wie auch die Schneeflocken, keine gleicht hundertprozentig einer anderen, der Unterschied jedoch mit dem bloßen Auge nicht zu erkennen.

Auch viele der unendlich entfernten Sterne sehen aus unserer Perspektive identisch aus. Viele Türen sehen gleich aus, warum nicht auch die Türen ins Schlafland.

Das führte zum Titel des Buches:

„Sternlinge Abendlieder".

Es gibt Zwillinge, Drillinge, Vierlinge etc., oftmals äußerlich gleich, aber bei genauem Hinsehen sehr verschieden. So wurden aus den Zwillingen die Sternlinge; und weil Gedichte unvertonte Musik gleichwie die musikalischen Lieder ohne Worte Gedichte ohne Sprache sind, entsprangen aus den Abendgedichten die Abendlieder, „Die Sternlinge Abendlieder". Mit dem bloßen Auge gleich, auch mit dem Ohr oftmals gleich, unter dem mikroskopischen Auge oder dem mikroskopischen Ohr jedoch sehr unterschiedlich.

Mathematische Abschlussbemerkung:

Wir haben vier Kinder, es gibt vier Jahreszeiten, wir kennen vier Grundrechenarten usw., deshalb enthält die vorliegende Reihe vier Bände. Jeder Band aber gedacht für einen Monat. Es gibt sieben Monate mit 31 Tagen, vier Monate mit 30 Tagen und einen Monat mit 29 (28) Tagen. Und da Augen und Ohren auch mal Pause benötigen bzw. abends unbelastet ins Traumland reisen sollten, gibt es in jeder Woche einen Tag Pause.

31 Tage minus 4 Tage Pause ergibt 27 Tage, und da es zu viele Monate mit 31 (27) Tagen gibt, sind zwei der vier Bände für die sieben Monate mit 31 Tagen (Januar, März, Mai und Juli als Viererergebnis beim Abzählen der Knöchel an der ersten Hand und August, Oktober und Dezember als Dreierergebnis beim Abzählen an den Knöcheln der anderen Hand).

Der dritte Band ist für die vier Monate mit 30 (26) Tage und der vierte Band für den letzten Monat mit 29 (25) Tagen.

Kompliziert? Vielleicht. Oder lesen Sie einfach jeden Abend im Monat ein Gedicht und machen jede Woche einmal Pause (schließlich wurde auch die Erde mit einem Pausentag erschaffen).

Mathematische Abschlusserklärung (Beweis?): Diese Annahme erklärt die Zahl der Gedichte. Da die Mathematik jedoch nicht nur aus Zahlen, sondern sie verknüpfende Zeichen (+/Plus, -/Minus, :/geteilt und x/mal) besteht, haben sich zwischen den Zeilen Aphorismen als Verbindungsglieder gemengt. Eine vermengte Mathematik, Pardon, die Lehre von der Menge, also die Mengenlehre der Mathematik, Pardon einfach der Versuch, eine Seite der Poesie mathematisch zu beschreiben oder zu erklären.

Schlafen Sie gut (aber erst nach dem Lesen bzw. Singen).

Gute Nacht. Gute dichte Nacht. Gute (G)Nacht. Gute (G)dichtete Nacht.

Ihre Sternlinge Abendlieder,

Ihre mathematischen Verbindungsglieder,

Ihre wöchentlichen Pausen.

Erste Woche

1.

Klagender Schlaf

Nun schlaf, mein kleiner Knabe,
Der Mond stimmt an die Klage
Über die stille Welt.
Er wird die Sterne fragen,
Die ihm gewiss dann sagen,
Dass niemand sich die Treue hält.

Nun schlaf, mein kleiner Knabe,
Als eine ew'ge Plage
Befällt die Nacht die Erd'.
Sie richtet mit Vergessen
Und nimmt, was wir besessen.
Kein Glück, das uns noch widerfährt.

Nun schlaf, mein kleiner Knabe,
Ein alter schwarzer Rabe
Bringt der Welt nun den Schlaf.
Unter der Träume Decken
Ist manches aufzuschrecken,
Was uns auf ewig raubt die Sprach.

Ein Kuss
Ist wie ein Fluss,
Der steht
Und sich dennoch regt.

2.
Überall Schlaf

Nun schlaf, mein kleines Mädchen,
Siehst du das Seidenfädchen,
Es bringt zu dir die Nacht.
In seinem gold'nen Wagen
Kommt der Mond vorgefahren.
Er hat dir Träume mitgebracht.

So schlaf nun, meine Kleine,
An einer Himmelsleine
Hängt Stern an Stern für dich.
Sie woll'n nur für dich scheinen,
Sie wollen dich einkleiden
Mit ihrem warmen Himmelslicht.

Nun schlaf, mein kleines Mädchen,
In deinem kleinen Städtchen
Schläft selbst der kleinste Stein.
Und alle Dinge träumen
Von fernen Himmelsbäumen,
Bewacht vom gold'nen Mondenschein.

Wenn der Frühling
Singt,
Verwandelt sein Klang
Mein Herz in ein goldenes Land.

3.
Aufgeschreckte Nachtschublade

Nun schlaf mein kleiner Knabe,
In der Schreibtischschublade
Da schläft ein Märchenbuch.
In ihm leben die Drachen,
Prinzen in seid'nen Sachen,
Die Hexe mit der Ofenglut.

Nun schlaf mein kleiner Knabe,
Der dunkle schwarze Rabe
Sitzt auf dem Hexenhaus.
Mit seinen grünen Augen
Kann er Gedanken schauen,
Träumt dabei von dem fetten Schmaus.

Nun schlaf mein kleiner Knabe,
Die Nacht hat schwarze Farbe
Auf jedes Aug' getan.
Der nächste frühe Morgen
Wird vielen sein Licht borgen,
Manchen erlischt die Lebensbahn.

Regen
Bringt Tod und Leben.

4.

Eisenbahnschlaf

Nun schlaf, mein kleiner Knabe,
Auf einer Eisenbahne
Kommt der Mond zu dir.
Er fährt auf Perlenschienen,
Endlosen Sternenwiesen,
Steht plötzlich fauchend vor der Tür.

Sein Schaffner ist der Sandmann,
Er sitzt in einem Holzkahn
Am End' der alten Lok.
Und tausend Sternenfunken
Sprüh'n die Räder nach unten,
Bis er dann steht vor dem Prellbock.

Er sendet Schlafsignale,
Er faucht wie tausend Wale,
Prustet mit Träumesand.
Dann rattert er von dannen
Auf alten Sternenbahnen
Und alles schläft in seiner Hand.

Ein Schrank
Verdeckt
Nur den Dreck
An der Wand.

5.
Zuckerträume

Nun schlaf, mein kleiner Knabe,
Der Mond hat Marmelade
In deinen Traum gerührt.
Dazu noch Gummibären,
Autos und Feuerwehren,
Alles mit Zucker dick beschmiert.

Nun schlaf, mein kleiner Knabe,
Der Mond hat süße Sahne
In deinen Traum gekippt.
Dazu noch Zuckertorten,
Burgen mit dunklen Pforten,
Ritter und Pferd mit schnellem Ritt.

Nun schlaf, mein kleiner Knabe,
Der Mond hat Sternenfarbe
In deinen Schuh gestreut.
Dazu noch Glitzersterne
Und bunte Vogelschwärme,
Damit du keinen Traum bereust.

Wer im Herbst des Lebens Wind sät,
Wird wertlose welke Blätter
Ernten.

6.
Weitentfernte Welten

Nun schlaf, mein kleiner Knabe,
Nur die Sehnsucht schläft nie.
Sie ist wie eine Klage,
Die niemals von uns flieht.

Sie trägt in Himmelswelten
Die uns seltsam vertraut,
Wo Pflanzen niemals welken
Nichts schwindet, was erbaut.

Sie führt in ferne Zeiten,
Die Schatten hüllen uns;
Endlosen Lebensweiten,
Welten, schöner als Kunst.

Nun schlaf, mein kleiner Knabe,
Wenn du fliehst sterb' auch ich.
Nichts füllt mir mehr die Klage,
Bevor ich treffe dich.

Um Ostern und Weihnachten zu vertauschen,
Brauchen
Wir keine Kopfakrobatik.
Beides ist der Sieg
Vom Leben
Über das Vergehen.

Zweite Woche

7.
Der Trauerschlaf

Nun schlaf, mein kleiner Knabe.
Alles, was ich noch habe
Ist nur die Einsamkeit.
Sie ist wie schwarze Wände,
Wie starr geword'ne Hände,
Ein verschlossener Mund, der schreit.

Nun schlaf, mein kleiner Knabe.
Der Schlaf ist wie die Fahne,
Die tot ist und sich regt.
Augen, die auf sie blicken
Wird sie ins Schicksal schicken,
Wo nur noch der Tod weiterlebt.

Nun schlaf, mein kleiner Knabe.
Alles, was ich noch habe,
Ein Herz, das nicht mehr schlägt.
Willst du nach ihm dann suchen,
Steig auf die Himmelsstufen,
Wo die Zeit das Vergessen sät.

Der Feind vom Glauben
Sind die Augen.

8.
Im schwarzen Licht gespiegelter Schlaf

Nun schlaf, mein kleiner Knabe,
Der Schlaf ist Zucker nur.
Die Biene hat die Wabe,
Der Honig ihre Spur.

Nun schlaf, mein kleiner Knabe,
Der Schlaf ist totes Licht.
Das Buch ist eine Ware,
Die zwischen Zeilen spricht.

Nun schlaf, mein kleiner Knabe,
Der Schlaf ist, was nie war.
Ein dunkler, schwarzer Rabe
In weißer Möwenschar.

Nun schlaf, mein kleiner Knabe,
Der Schlaf ist nur ein Gruß.
Die Antwort auf die Klage,
Anfang von jedem Schluss.

Das Taschentuch
Ist ein Buch,
Wo sich Tränen
Nach trockener Wärme sehnen.

9.
Tränenschlaf

Nun schlaf, mein kleiner Knabe,
Was ich besitz und habe
Ist eine Träne nur.
Einstens wird sie fortfließen,
Ein letztes Mal dich grüßen,
Entfliehen auf der Himmelsspur.

Nun schlaf, mein kleines Büblein,
Bald wird die Träne zu Stein,
Der dann dein Herz umschließt.
In endlos grauen Tagen
Wirst du ihn mit dir tragen,
Damit dein Herz mich nie vergisst.

Nun schlaf, mein kleines Mädchen,
An einem seid'nen Fädchen
Rollt die Träne zu dir.
Sie kommt, um uns zu einen.
Nach Trauer, Not und Weinen
Öffnet sie uns die Himmelstür.

Ein Klavier
Ist eine Tür
Für
Die
Musik.

10.

Das Sternenpferdchen

Nun schlaf, mein kleiner Knabe,
Die Nacht hat dunkle Farbe
Über die Welt gebracht.
Mein kleiner Knabe träume,
Siehst du die dunklen Bäume?
Sie werden dir zum Himmelsdach.

Nun schlaf, mein kleines Mädchen,
Der Mond schickt ein Sternpferdchen,
Dich in den Traum zu bring'n.
Mein kleines Mädchen ruhe,
Der Mond trägt Glockenschuhe,
Dass seine Schritte für dich sing'n.

Nun schlaf, mein kleiner Knabe,
Der Welt töricht Gehabe
Schweigt nun für kurze Zeit.
Spürst du die Sonnenstrahlen,
Die schon den Morgen malen,
Dass kein Schlaf bei dir endlos bleibt.

Manche Fragen
Sind eher Anklagen.

11.
Schrankenloser Schlaf

Nun schlaf, mein kleiner Knabe,
Hörst du die Mondschafklage,
Weil die Welt untergeht?
Hörst du das leise Weinen,
Die Stimmen, die jetzt meinen,
Dass sich kein neuer Morgen regt?

Nun geh, mein kleiner Knabe,
Dass dir nicht widerfahre
Das Schicksal dieser Welt.
Geh in den Himmelsgarten,
Wo Engel auf dich warten
Und nie mehr eine Träne fällt.

Ade, mein kleiner Knabe,
es ist für mich wohl schade,
Dich lange nicht zu sehn.
Für all meine Gedanken
Gibt es doch keine Schranken,
Zu dir in den Himmel zu geh'n.

Manche Hände
Sprechen Bände.
Manche bauen
Nur mit den Augen.
Viele rennen,
Ohne ein Ziel zu kennen.

12.

Fernender Schlaf

Nun schlaf, mein kleiner Knabe.
Nie schläft die ganze Welt,
Nie schläft die Lebensklage,
Nie keine Träne fällt.

Nun schlaf, mein kleiner Knabe,
Es endet jeder Weg.
Nie stirbt der schwarze Rabe,
Der das Unglück aussät.

Nun schlaf, mein kleiner Knabe.
Die Welt schenkt keinen Trost,
Dass sie selbst Ruhe habe,
Teilt sie kein Schicksalslos.

Nun schlaf, mein kleiner Knabe,
Ich vergesse dich nie.
Du bist die Sternenfarbe,
Die ewig in mir blüht.

Viele denken, das Leben
Besteht daraus, am Stuhl zu kleben.
Ein solches Geschehen
Ist leider oft bei Unrecht zu sehen.

Dritte Woche

13.

Himmelherz

Guten Abend, gute Nacht,
Nun schließ dein Äugelein.
Der Mond hat dir gebracht,
Der Sterne goldnen Schein.

Guten Abend, gute Nacht,
Nun träum vom Wolkenschaf.
Ganz still es für dich wacht
Und hütet deinen Schlaf.

Guten Abend, gute Nacht,
Jetzt kommt der Sternenzug.
Der Mond in seiner Pracht
Erscheint am Himmelsbug.

Guten Abend, gute Nacht,
Ganz leise wird mein Herz,
Bis es morgen erwacht
Und zieht dann himmelwärts.

Das Schicksal
Ist die Zahl,
Die niemand kennt
Doch jeder benennt.

14.
Vergallte Nacht

Schlafe nun, mein kleines Kind,
An dem fernen Himmel sind
Sterne aufgestiegen.
Siehst den Mond im hellen Schein,
Sterne gold'ne Tränen wein'n,
Deinen Traum mit Gold aufwiegen.

Schlafe nun, mein kleines Kind,
Siehst du, selbst der alte Wind
Ist zur Ruh' gekommen.
Hörst der Nachtigallen Lied,
Spürst, wie sanft der Mond dich wiegt,
Bald blüh'n dir die Morgensonnen.

Schlafe nun, mein kleines Kind,
Spürst du, wie die Zeit zerrinnt
Zu einem weißen Kleid.
Morgen fällt vom Sonnenrad
Auf die Welt der neue Tag,
Dass dir die Nacht nicht ewig bleibt.

Der Mond
Wog
Nur noch ein Gramm.
Er nahm
Noch etwas ab,
Dann war es wieder Tag.

15.
Das Wolkenluftschäfchen

Mein Kind, die weiten Sterne
Tragen dich in die Ferne,
Wo deine Mutter wohnt.
Sie wird dich wieder wiegen,
Neues Zuhause geben,
Vom Blumenduft ewig umweht.

Schlaf ein, mein süßes Kindlein,
Nun kommt der alte Mondschein,
Dir einen Traum zu bring'n.
Auf seinem Himmelswagen
Kommt er von weit gefahren,
Wird bleiben bis dein Traum verklingt.

Ihr kleinen müden Hände,
Der Tag geht nun zu Ende
Und hüllt sich ein in Schlaf.
Wenn bald die Morgensonnen
Von Neuem wieder kommen,
Bring'n sie das kleine Wolkenschaf.

Unser Benehmen
Auf Erden
Richtet sich nach dem Gesehen
Werden.

16.
Nachtgetiere

Schlaf ein, mein kleiner Knabe,
Bald kommt der schwarze Rabe.
Er trägt in seinem Rachen
Den alten Mondscheindrachen.
Dazu eine Laterne,
Gebaut aus tausend Sterne.

Träum nun, mein kleiner Knabe,
Jetzt kommt die Abendschabe.
Sie trägt an ihren Flügeln
Sterne an Himmelsbügeln.
Hat dunkelschwarze Augen,
Die durch die Träume schauen.

Schlaf nun, mein kleiner Knabe,
Siehst du schon die Nachtwaage?
Sie wiegt dir gold'ne Träume,
Packt sie in Glitzersäume.
Nun schlaf sanft, dann wiegt auch dich
Das goldene Mondscheinlicht.

(Menschliche) Drachen
Lachen
Nur über Sachen,
Die and're machen.

17.
Schlafsch(n)uppen

Schlaf, mein kleiner Knabe,
Schau den alten Mond.
Streicht mit gold'ner Farbe
Den Platz, wo er wohnt.

Schlaf, mein kleines Mädchen,
Sieh den Abendstern.
Dreht an einem Rädchen
Die Himmelslatern'.

Schau, mein kleines Büblein,
Siehst du die Venus?
Sie schaut in dein Stüblein,
Bringt dir den Nachtkuss.

Schau, mein kleines Mägdlein,
Alle Welt nun träumt.
Die Sterne schuppig wein'n,
Ihr Licht dich umschäumt.

Hätte, Wenn und Aber
Ist doch nur Gelaber.
War, Wird sein und Bin
Macht für mich mehr Sinn.

18.
Ur-End-Vater

Mein kleines Mädchen, schlafe,
Die Sterne sind die Schafe,
Die hinter dem Mond zieh'n.
Und träum von gold'nen Bäumen,
Von bunten Kleidersäumen,
Von Welten, wo nur Blumen blüh'n.

Mein kleines Mädchen, ruhe,
Die schmalen gold'nen Schuhe
Passen auf deinen Fuß.
Du wirst das Glück einst treffen
Und dein Herz wird dann sprechen,
Geweckt von einem Sternenkuss.

Mein kleines Mädchen, schlafe,
Das Leben eine Straße
Die auf- und abwärts geht.
Am Ende wird es enden
In dir vertrauten Händen,
Im Himmel, wo (D)ein Vater lebt.

Warum gibt's in der Epidemienot
Kein Reiseverbot
Für die vielen
(Reisenden) Viren.

Vierte Woche

19.
Schlafsturz ins Ende

Nun schlaf, mein kleiner Knabe,
Die Welt ist eine Klage,
Die niemals endlos schweigt.
Es bleiben Hunger, Nöte.
Die Not füllt die Gebete,
Bis sich das Herz zur Ruhe neigt.

Nun schweigt, ihr lieben Kinder,
Die Not dreht sich geschwinder,
Als euer Auge sieht.
Es sterben alle Bäume.
Nie mehr blüh'n eure Träume,
Weil niemand mehr ander'n vergibt.

Nun schlaf, mein kleines Herzchen,
Schau doch das Sternenpferdchen,
Es schwebt durch's Himmelszelt,
Wird alle Nöte stillen.
Mit Frieden dich umhüllen,
Dass du vergisst die alte Welt.

Punkt, Punkt, Hügelstrich -
Fertig ist das Schmollgesicht.

20.
Gespu(c)kter Mondschafschlaf

Nun schlaf, mein kleiner Knabe,
Der Traum besiegt den Schlaf.
Die Nacht ist schwarze Farbe,
Der Mond hält sich ein Schaf.

Es weidet Sternenwiesen,
Frisst den Kometenschweif
Und kickt die Sternenriesen
Ins schwarze Löcher-Reich.

Es blökt laut ohne Töne
Und sieht mit seinen Ohr'n.
Es schnaubt, dass Wolkenkähne
Aus Kratern werd'n geborn.

Nun schlaf, mein kleiner Knabe,
Siehst du das Mondenschaf?
Es spuckt die schwarze Farbe,
Dass Nacht wird aus dem Tag.

Das Internet ist unser bester
Zeitfresser.
Wer es nicht glaubt,
Bleibt oft zeitausgesaugt
Ein großes Stück
Auf dem Lebensweg zurück.

21.
(Ge)ahnter Schlaftraum

Nun schlaf, mein kleiner Knabe,
Die Zeit wird jetzt ganz leicht.
Gott hört auch deine Klage,
Zahlte dafür den Preis.

Siehst du auf Sternenwiesen
Dein Urahn, der längst fort.
Er wird dich lange missen,
Bis du an diesem Ort.

Er denkt an früh're Zeiten,
An Stunden voller Glück.
Zusamm'n das Meer bereisen,
Manch gemeinsamen Weg.

Nun schlaf, mein kleiner Knabe,
Der Traum führt euch zusamm'n,
Dass stumm wird jede Klage,
Trifft sich dann eure Bahn.

Wer
Der
Fantasie erliegt,
Erreicht einen großen Sieg.

22.
Endloser Nie-Schlaf

Nun schlaf, mein kleiner Knabe.
Nichts ruht, was jetzt tief schläft.
Selbst der Tod ist nur Ware,
Das neues Leben trägt.

Nun schlaf, mein kleiner Knabe.
Wenn ich einst scheiden muss,
Verklingt später die Klage,
Gewinn wird aus Verlust.

Nun schlaf, mein kleiner Knabe.
Nie gibt's den Augenblick,
Wo alles voll erstarre,
In dir sich nichts bewegt.

Nun schlaf, mein kleiner Knabe.
Wer weiß, wo der Tod schläft,
Wo er dann keine Klage
Und keine Tränen sät.

Die Geographie
Ist die geerdete Biologie.

23.
Entschwärzter Schlaf

Nun schlaf, mein kleiner Knabe.
Das Schwarz ist keine Farbe,
Nach der das Herz sich sehnt.
Es denkt in roten Farben,
Im Gelb der Bienenwaben,
Im Blau, das uns den Himmel schönt.

Nun schlaf, mein kleiner Knabe.
Das Moll ist eine Klage,
Nach der das Leid sich sehnt.
Dereinst wird alles schlafen
Und alles Leid erlassen,
Auf dass der letzte Schmerz vergeht.

Nun schlaf, mein kleiner Knabe.
Der Himmel ist die Bahre,
Die uns durchs Leben trägt.
Dereinst wird der Schlaf scheiden,
Was dann von uns wird bleiben?
Die Liebe, die in uns fortlebt!

Im Leben
Sollte man sich
Nicht
Zu (oft) ernst nehmen.

24.

Märchenschlaf

Nun schlaf mein kleiner Knabe,
Der Tag hat seine Klage
Mit Stille dir umhüllt.
Er will die Träume senden,
Dass sie in deinen Händen
Wandeln zu einem Märchenbild.

Nun schlaf, mein kleiner Knabe,
Siehst du, die dunkle Farbe
Der Nacht bricht nun herein.
Sie wird dir den Tag nehmen
Und lange nicht vergehen,
Bis dich küsst wach der Morgenschein.

Nun schlaf, mein kleiner Knabe.
Die Sonn' schläft unter Tage
In dunkler Erdengruft.
Hörst du der Erde Schlummer,
Mit ihr schläft jeder Kummer,
Bis morgens dich die Amsel ruft.

Kann es schaden,
Mit zwei Augen EINsicht zu haben?

Endspurt

25.
Nachtga(r)be

Nun schlaf, mein kleiner Knabe.
Des Tages letzte Klage
Versinkt in dunkler Nacht.
Dich wiegen leise Träume,
Die dunklen Meeressäume
Umschäum'n das Erdendach.

Nun wiege dich, mein Knabe,
Die gold'ne Mondscheinfarbe
Bedeckt die weite Welt.
Nun hülle dich in Klänge,
Die hellen Sterngesänge
Umhüll'n das Weltenzelt.

Nun schlaf, mein kleiner Knabe.
Des Tages helle Farbe
Verblasst zur dunklen Nacht.
Nun lege ich darnieder,
Bald hat der Mond dir wieder
Die Sternennacht gebracht.

Nun schlaf mein Knab', sei stille.
Die müde Erdenhülle
Legt sich mit dir zur Ruh.
Schüttelt die alten Bäume,
Pflückt für dich Himmelsträume,
Deckt dich mit Sternen zu.

Im Tierreich gibt's
Ein Gleichgewicht,
Bis der Mensch
Durchrennt.

Ende

Inhaltsverzeichnis

nach Nummern

Biografie

Ich wurde in Berlin geboren. Nach dem Abitur in Berlin habe ich Medizin in Berlin und München studiert und war nach meinem Studium ca. 40 Jahre in der Medizin tätig. Seit Ende 2023 bin ich berentet. Während meiner Berufstätigkeit habe ich nebenher eine Reihe von Manuskripten verfasst, ein Jugendbuch, Kinderbücher, Romane und Gedichte.

Einige sind seitdem über einen Self-publishing-Verlag veröffentlicht worden.

Neben einer Reihe anderer Veröffentlichungen hat der Autor auch folgende Gedicht- und Prosabände veröffentlicht:

Uhlenspiegel bei den Schildbürgern
Uhle 1, Uhle 2, Uhle 3

Der Einzelkämpfer Uhlenspiegel, mit der Armee seiner schalkhaften Gedanken bewaffnet, trifft auf ein Dorf voller Schildbürger, die eher weniger oder sagen wir eher mit anderen Gedanken bewaffnet sind.
(Band 1 - 3)

Die Christyllische Weihnacht – Weihnachten wie immer (und) anders

27 Kurzgeschichten mit je einem Bild, zu jedem Tag vom 1.-26. sowie 31. Dezember; sehr abwechslungsreiche Geschichten von Weihnachten im Kaufhaus, bei den Schildbürgern, in einem neuen Märchen, als Science-Fiction und Weihnachtsgeschichten zur Zeit der Geburt Jesu. So abwechslungsreich, dass für jeden und jedes Alter etwas dabei ist (auch in Englisch erhältlich.

Schwarzbart's kandidelte Adventsgeschichten

Der alte Seekapitän erzählt fantastische Adventsgeschichten voller Fantasie, bereichert durch weihnachtliche Gedichte. Zu lesen wie ein Adventskalender.

Ein denkwürdiger Adventskalender

Das schönste am Fest war der Adventskalender. Jedes Jahr freute er sich auf diese verkleidete, geheimnisvolle süße Gabe. Draußen die bunten Bilder, die versteckten Türchen, Zahlen, die zwischen Engeln, Krippen und Weihnachtsmännern umherschwirrten. So war es jedes Jahr, aber dann stimmt irgendetwas nicht. Dies erzählt die Geschichte um einen ganz besonderen Adventskalender voller Überraschung.

Die Insel der Figuren

Ein kleines Mädchen in Japan bekommt zum Geburtstag von ihrem Vater eine Puppe geschenkt. Als das Mädchen älter ist, wird die Puppe in einem kleinen Boot auf die Wellen des Meeres gesetzt. Offensichtlich eine Tradition ins Erwachsenenalter.

Einige Zeit später reist ein anderes Mädchen ihrer verschwundenen Puppe hinterher, eine spannende abenteuerliche Reise mit einem ungewöhnlichen überraschenden Ende beginnt. (Fantasieroman)

Der kleine Mugu auf dem Noddelthron

Ein Jungen lebt in dem Land eines Königs. Eines Tages kommt ein Prahlhans in dieses Land. Er besitzt die Fähigkeit, die Gedanken anderer Menschen mit seinen wilden Haaren einzufangen. Der König wollte diese Fähigkeit erlernen und folgte dem Prahlhans. Ausgerechnet der kleine Junge Mugu gewann die Nachfolge des Königs und regierte das Land, in dem er viele Dinge auf den Kopf stellte. (Märchenroman)

Max abenteuerliche Reise zum Ich – eine kurze weite Reise

Jugendroman, 112 Seiten, Max lebt in schwierigen sozialen Umständen, weder darüber, noch über den Grund wird in der Familie gesprochen. Langsam kommt Max selbst hinter das „Geheimnis" und lernt, sich trotzdem zur Familie zu bekennen. Auch als Schulbuch geeignet.

Manu's Reise mit dem Tod – eine Fuge durch die Zeit

Roman, 256 Seiten, verschiedene Lebenslinien aus dem Leben einer Frau, fugenartig verwoben, Ereignisse des Todes in ihrem Leben und ein weiterer Handlungsstrang über verschiedene Rituale zur Zeit des Todes in verschiedenen Kulturen (auch in Englisch erhältlich „Manu´s Journey with Death").

GeGlichenes

Die folgende Sammlung in 4 Bänden enthält etwas über 60 Kurzgeschichten, jede Kurzgeschichte baut auf einer aus dem Neuen Testament stammenden Bibelstelle gleichnishaft auf und ist auf unsere Zeit übertragen. Zwischen den Geschichten findet sich jeweils ein Aphorismus oder ein Gedicht.

Das Moooondschaaaaf
(monatlich durch das Jahr)

Für jeden Tag eines Monats ein Gedicht aus Sicht eines auf dem Mond lebenden Schafs, das humorvoll, kritisch, skeptisch und wiedererkennend unsere Erde beäugt; zwischen jedem Gedicht ein Aphorismus; mit passenden lustigen Bildern aus Kinderhand; auch als Geburtstagsgeschenk für den passenden Geburtstags-monat geeignet.

Ostern- Gedichte zur Osterzeit

43 Gedichte mit christlichen Inhalten von Grün-donnerstag bis zur Auferstehung Jesu, durchsetzt mit gedankenvollen Aphorismen.

Der erdenkliche Mensch - Das Du im Ich

55 Gedichte, dazwischen Aphorismen, die sich nachdenklich und kritisch mit liebgewonnenen menschlichen Verhalten auseinandersetzen.

Ein KESSEL Bunte GeDichte

Ein Kessel bunter Gedichte, unterbrochen von kurzen Aphorismen – eben wie in einem großen bunten Kessel, wenn es heißt: tüchtig rühren, Kelle rein, sich überraschen (pardon inspirieren) lassen, was auf den Teller kommt.

Tortellintauben - TierGdichte für Rwachsene

61 Tiergedichte als Spiegelbild menschlichen Verhaltens, wunderschön von Kinderhand illustriert.

Hinter dunklen Himmelswolken
Gedichte in Zeiten der Trauer

74 Gedichte über Tod, Sterben, Hoffnung, Zuversicht, das Danach.

Aventsschilda
Die EULENde SPIEGEL-Weihnacht

Weihnachtsgeschichten mit und ohne Eulenspiegel in Schilda, bereichert durch weihnachtliche Gedichte. Zu lesen wie ein Adventskalender.

Ach Herbst, reiß nun die Scheunen auf!
Ge(h)dichte im Herbst

Herbst, eine Mischung aus Bunt, Sonne, Sternen, Dunkelheit, Nässe, warmer Stube, reifen Früchten, Abschied, Trauer und Leben, das sich von außen nach innen kehrt, um neue Kraft zu tanken.

Gute

Nacht !

Nun schlaf, mein kleiner Knabe…